NOTICE

SUR

L'HOSPICE CIVIL

DE CRÉPY-EN-VALOIS

(OISE)

Publiée par la Commission hospitalière.

—————

1ᵉʳ JUIN 1880

—————

Amicus Plato, sed magis amica veritas.

—————

SENLIS

IMPRIMERIE TH. NOUVIAN

PLACE DE L'HÔTEL-DE-VILLE

—

1894

NOTICE

SUR

L'HOSPICE CIVIL DE CRÉPY

NOTICE

SUR

L'HOSPICE CIVIL

DE CRÉPY-EN-VALOIS

(OISE)

Publiée par la Commission hospitalière.

———

1ᵉʳ JUIN 1880

————

Amicus Plato, sed magis amica veritas.

══════════

SENLIS

IMPRIMERIE TH. NOUVIAN

PLACE DE L'HÔTEL-DE-VILLE

—

1894

TABLE DES CHAPITRES

CHAPITRE Ier

Fondation de l'Hospice civil de Crépy.

En tant qu'établissement civil, l'Hospice de Crépy-en-Valois (Oise) a été autorisé par une ordonnance du roi Charles X, en date, à Paris, du 19 janvier 1825, ainsi conçue :

« Charles, par la grâce de Dieu, roi de France et de Navarre,
« à tous ceux qui ces présentes verront, salut.

« Sur le rapport de notre ministre secrétaire d'Etat au
« département de l'intérieur ;

« Vu la délibération prise le 30 juin 1824, par le Bureau de
« bienfaisance de Crépy, département de l'Oise, et tendant à
« obtenir la formation d'un Hospice civil dans cette ville ; vu :
« la délibération prise le 24 août 1824 par le Conseil municipal
« de la même ville pour appuyer la demande du Bureau de
« bienfaisance ; vu : l'état des ressources de cet établissement ;
« vu : l'avis du Préfet ;

« Notre Conseil d'Etat entendu ;

« Nous avons ordonné et ordonnons ce qui suit :

« Article 1er. Il sera formé un Hospice civil dans la ville de
« Crépy, département de l'Oise, en remplacement du Bureau
« de bienfaisance qui existe dans cette ville.

« Article 2. Les revenus de ce Bureau formeront la dotation
« de l'Hospice.

« Article 3. Notre ministre, secrétaire d'Etat au départe-
« ment de l'intérieur, sera chargé de l'exécution de la présente
« ordonnance.

« Donné en notre château des Tuileries, le 19 janvier de l'an
« de grâce 1825 et de notre règne le premier.

« Signé : CHARLES. »

Cette Ordonnance contient, comme on dit, la loi et les pro-
phètes, et il en est d'autant mieux ainsi, que les documents
qu'elle a visés nous manquent aujourd'hui.

En effet, la délibération du 30 juin 1824, par laquelle le
Bureau de bienfaisance de Crépy a formulé sa demande de
fondation d'un Hospice à sa place, n'est pas sur les registres
que l'Hospice fondé a reçus du Bureau. Le procès-verbal inscrit
sur ces registres, à la date du 30 juin 1824, porte seulement que
M. Delahante, président du Bureau, est prié de vouloir bien
faire tout ce qui sera demandé pour arriver enfin à l'érection
du Bureau en Hospice. D'un autre côté, la délibération que le
Conseil municipal aurait prise le 24 août 1824, pour appuyer
la demande du Bureau, n'est pas non plus sur les registres de
la ville. Il n'y a pas de délibération du Conseil à cette date.
Enfin, non seulement nous n'avons ni l'avis de M. le Préfet de
l'Oise sur cette affaire, ni la consultation du Conseil d'Etat, ni
le rapport de M. de Corbières, ministre de l'intérieur; mais
l'Ordonnance n'a même pas indiqué la date de ces documents.

Il est vrai qu'on trouve sur les registres du Conseil municipal de Crépy, à la date du 13 juillet 1824, une délibération
très étendue qu'aurait prise le 30 juin 1824 le Bureau de bienfaisance de Crépy, pour demander la fondation dont il s'agit ;
qu'on a découvert dans les Archives de la Préfecture de l'Oise
un avis de M. le Préfet de l'Oise sur cette demande, en date
du 2 septembre 1824; et que ces documents sont vraisembla-
blement les originaux ou les copies de ceux qui ont été produits
à l'autorité supérieure pour obtenir l'Ordonnance du 19 janvier
1825. Mais d'une part, cette N. . :e devant être déjà assez

longue par elle-même, on n'a pas cru devoir y insérer des
pièces qui sont actuellement de nulle valeur en tout ce que
n'a pas expressément retenu ou consacré l'Ordonnance, et d'un
autre côté le lecteur curieux les trouvera avec quelques autres
encore dans la brochure récemment publiée et répandue à ce
propos par M. le marquis de Fleury (1).

Il est évident, personne ne peut le nier, et cela à la simple
lecture de la délibération du 13 juillet 1824 : que le Bureau de
bienfaisance de Crépy et le Conseil municipal de la ville,
parfaitement d'accord à cet égard et à cette date, n'avaient pas
seulement sollicité de l'autorité supérieure la formation d'un
Hospice civil destiné à remplacer dans sa gestion l'établissement
civil existant; que le même Bureau et le même Conseil avaient
sollicité en outre la fondation par le même titre royal et sou-
verain, de la maison de secours elle-même que possédait le
Bureau, dans les conditions particulières où le Bureau l'avait
disposée, avec ses trois services de charité, son bureau de
distribution, son école de filles et son asile de vieillards, le tout
desservi bien entendu par des dames religieuses. Le Bureau
et le Conseil demandaient vraiment que l'Ordonnance consa-
crât du même coup la personnalité civile du nouvel établissement et l'état de choses existant (2). Mais il n'est pas moins
évident, à la lecture de l'Ordonnance, qu'une partie seulement
des vœux formulés par le Bureau et le Conseil municipal de
Crépy a été prise en considération et exaucée par l'Ordonnance,
et que l'état de choses existant a été tout entier laissé de côté ;
puisque l'Ordonnance a disposé en tout et pour tout : qu'il
serait formé un Hospice civil à Crépy en remplacement du
Bureau existant; que le nouvel établissement aurait pour
dotation les revenus de l'ancien, et que l'exécution de l'Ordonnance serait déférée dans ces conditions à M. le Ministre de
l'Intérieur.

(1) L'Hospice de Crépy-en-Valois : Sa fondation en 1825, ses origines,
ses attributions, ses revenus, leurs origines et leurs affectations diverses.
— Soissons, imprimerie Fossé d'Arcosse, 1880.

(2) L'Hospice de Crépy-en-Valois, pages 6, 14, 23, 28, etc.

Ceci dit : pour répondre en peu de mots à la brochure de M. le marquis de Fleury.

L'Hospice civil de Crépy a été formé par les arrêtés de M. le Préfet de l'Oise, qui ont nommé ses Commissions administratives ; aucun de ses règlements n'a jusqu'à ce jour été formellement approuvé par l'autorité supérieure.

La première Commission administrative de l'établissement, composée de MM. Delahante, Labbé, Cazin, Poissonnier et Dieu, a été nommée par deux arrêtés de M. le Préfet de l'Oise des 14 avril et 2 mai 1825. Cette Commission, installée par M. le Maire de Crépy, le 25 mai 1825, a par procès-verbal du même jour pris possession de la maison, des objets mobiliers qui la garnissaient et des revenus du Bureau remplacé qui consistaient, suivant le procès-verbal, en : 1° 8.862 fr. de rente sur le Grand Livre de la Dette publique de France en 15 inscriptions ; 2° 604 fr. de rentes sur particuliers en 141 parties : Total 9.466 fr. de revenu certain. On ne compte pas ici le produit éventuel des quêtes évalué 1.200 fr. par an.

Quant aux services de charité qui étaient établis dans la maison, la Commission les a maintenus, en effet, jusqu'à nouvel ordre, dans leur état existant par cet article de règlement extrait du procès-verbal du 25 mai 1825 :

« Article 1er. Tout ce qui a été réglé par la Commission de
« bienfaisance que l'administration de l'Hospice remplace
« quant aux sœurs de la congrégation de Saint-Joseph,
« appelées en cette ville pour y tenir une école gratuite en
« faveur des filles ; pourvoir aux besoins et à la subsistance
« de quelques vieillards admis dans la maison ; procéder à la
« distribution à domicile des secours accordés aux indigents
« malades de la ville et enfin pour diriger la filature à laquelle
« quelques femmes indigentes sont admises à titre de secours :
« Continuera à recevoir sa pleine et entière exécution ».

La filature a disparu et d'autres services ont été ajoutés.

CHAPITRE II

Services de bienfaisance
alimentés par l'Hospice civil de Crépy.

En tant que maison de secours, l'Hospice de Crépy-en-Valois comprend à ce jour les services de charité qui suivent :

Premièrement. — Un asile de vieillards, ouvert aux vieillards indigents et délaissés des deux sexes, tant de la ville que des autres communes du canton de justice de paix de Crépy, âgés de 60 ans et plus, mais sans maladies ou infirmités caractérisées. On y compte aujourd'hui 16 vieillards, dont : 9 hommes et 7 femmes, tous soumis au même régime et vaquant aux besoins de la maison et du ménage ; 14 sont indigents, 2 ont été reçus à titre de pensionnaires ou de donateurs à condition d'entrée.

Deuxièmement. — Un asile de jeunes filles, ouvert aux filles pauvres orphelines de la ville, lequel compte à ce jour 5 jeunes filles de 9 à 17 ans, élevées et instruites dans la maison et formées en outre aux soins du ménage.

Troisièmement. — Une salle d'asile, établissement scolaire, ouverte du matin au soir à tous les jeunes enfants, garçons et filles de la ville et de ses faubourgs, dans laquelle sont admis gratuitement, pour y être exercés, instruits, pansés, secourus même, 150 enfants des deux sexes.

Quatrièmement. — Une école primaire de filles, gratuitement ouverte à son origine aux filles pauvres âgées de 6 ans et plus, tant de la ville que des communes du canton de justice de paix de Crépy ; sur le registre de laquelle sont inscrites toutes les filles pauvres ou riches, sans distinction, de la ville et de ses faubourgs, au nombre de 140.

Cinquièmement. — Un bureau de surveillance et de distribution des secours à domicile que l'Hospice délivre par chaque semaine, tant en nature qu'en argent, à 50 ou 60 indigents, malades ou infirmes et besogneux à divers titres, de la ville et des faubourgs de Crépy, en pain, vin, viande cuite, bouillon, médicaments, visites de médecins, de sages-femmes, indemnités de logement, linge, vêtements, bois, etc.

Sixièmement. — L'Hospice délivre, en outre, aux indigents malades ou infirmes qui lui sont recommandés par les maires des diverses communes du canton, des secours à domicile en argent qu'elle leur fait passer par l'intermédiaire des maires et des Bureaux de bienfaisance communaux là où il en existe.

Septièmement. — L'Hospice ne reçoit pas dans sa maison de secours les malades curables ou incurables. Les dotations particulières reçues avec cette destination n'ont pas paru jusqu'à ce jour suffisantes pour motiver l'ouverture de lits destinés aux malades. Cependant depuis plusieurs années, l'Hospice a ouvert une salle à l'effet d'y recevoir provisoirement quelques blessés ou malades, sans feu ni lieu, dans les cas tout à fait accidentels et urgents. Ces malades ou blessés sont ensuite évacués et placés aux frais de l'Hospice ou de qui de droit, dans les hôpitaux voisins.

L'Hospice de Crépy n'a qu'une maison de secours.
Cette maison est desservie par 9 dames religieuses de l'ordre ecclésiastique autorisé de Saint-Joseph de Cluny, dont 6 professes et 3 converses.

Il n'y a pas d'économe dans la maison (1).

Comme il n'y pas de chapelle, il n'y a pas d'aumônier. On ne peut appeler du nom de chapelle le petit oratoire particulier à l'usage des dames religieuses de la maison, qui est situé au-dessus de la salle d'asile.

La maison, sise autrefois rue du Cloître-Saint-Thomas, n° 98, a été augmentée successivement, savoir : en 1846, du bâtiment à usage de salle d'asile et des dépendances, qui ont été données à l'Hospice par Mme Delahante et divers souscripteurs anonymes, ainsi qu'on le verra plus loin, et, en 1860, des vastes bâtiments, cour et jardin qui forment maintenant le corps principal de la maison, et qui ont été achetés par l'Hospice et payés tant de ses économies qu'au moyen d'une subvention spéciale de 8.000 fr. accordée par la ville.

Cette dernière partie a fait autrefois partie du Couvent de Saint-Michel, séquestré par l'Etat en 1890, et de là vient le surnom récent d'Hospice Saint-Michel vulgairement donné à la maison.

L'entrée principale est maintenant rue Saint-Lazare, et lorsque l'Hospice aura fait l'acquisition aujourd'hui projetée de l'ancienne chapelle du Couvent Saint-Michel, il aura sur cette dernière rue sa façade la plus grande.

---

(1) Voir cependant un arrêté de M. le Préfet de l'Oise du 10 octobre 1839, qui, en vue d'arriver à l'établissement d'une comptabilité des matières, a conféré les fonctions d'économe au Secrétaire de la Commission.

CHAPITRE III

Biens et revenus de l'Hospice civil de Crépy.

En dehors de sa maison de secours, l'Hospice civil de Crépy n'a pas d'autres biens immeubles qu'un petit marché de terre de 86 ares ou environ, sis à Peroye-les-Gombries, canton de Nanteuil-le-Haudouin (Oise), qui lui a été légué en nue-propriété seulement par une dame Dumont, décédée. L'usufruitière existe toujours.

Ses revenus réguliers et certains lui proviennent pour la plus grande partie des rentes qui sont inscrites à son nom au Grand Livre de la Dette publique de France, et qui lui forment à ce jour toutes ensemble un revenu total annuel de 15.543 fr.

Le surplus lui provient du loyer de quelques dépendances sans utilité pour le service de sa maison hospitalière, soit : 300 fr. par an ou environ, et de 23 fr. 90 de rentes sur particuliers qui forment le solde des rentes importantes de même espèce qu'il a jadis possédées.

Les ressources éventuelles qui viennent d'ordinaire en addition à ces revenus sont : 1º Le produit de quatre quêtes faites aux quatre grandes fêtes religieuses de l'année dans l'église Saint-Denis de Crépy, par les dames du Conseil de charité ou leurs auxiliaires; soit : 1.000 fr. ou environ par année ; un peu moins par ces derniers temps. 2° Le produit des concessions dans les cimetières de Bouillant et de Crépy, qu'on peut évaluer à 500 fr. année moyenne. 3° Le produit plus irrégulier et plus minime des bals et concerts, évalué 100 fr. 4° Enfin, une subvention annuelle irrégulière, variable, allouée par la ville à l'Hospice sous ce titre : « Pour l'extinction de la mendicité. »

Cette subvention a été, à l'origine, en 1851, de 4.000|fr. et même quelquefois plus; mais elle a été le plus souvent de 2.000 fr., et elle est descendue plus d'une fois aussi à 1.000 fr., notamment en 1879. En somme, ce n'est qu'un secours précaire. L'Hospice ayant demandé pour 1880 et pour 1881, la somme de 3.000 fr. à titre de remboursement des frais ordinaires de l'école primaire de filles, qui, recevant gratuitement toutes les filles de la ville, sans distinction des riches et des pauvres, fait fonction d'école communale : Le Conseil de la ville a refusé et a supprimé tout secours.

L'origine et la destination tant de la maison hospitalière que des revenus qui y ont été attachés, ayant donné lieu à des controverses assez obscures, en même temps qu'à des légendes de plusieurs espèces, on éclaircira sous le chapitre suivant : quels sont les établissements civils de bienfaisance auxquels l'Hospice a succédé: quels revenus et quels biens il a reçus de chacun; comment et de quels biens se composait sa première dotation; quelle était leur destination, et enfin dans quelles conditions ont été établis les premiers services hospitaliers installés par le Bureau de bienfaisance supprimé en 1825.

Ce chapitre contiendra donc tout à la fois, l'historique de la dotation et de la maison de bienfaisance de l'Hospice, jusqu'au jour où le nouvel établissement civil en a pris possession.

CHAPITRE IV

Historique de la Dotation et des Services de charité, jusqu'à la formation de l'Hospice civil.

§ Ier

Aperçu sommaire sur les anciens Etablissements charitables de Crépy.

Il n'existait plus à Crépy depuis longtemps, au moment où survint la Révolution de 1789, aucun établissement charitable hospitalier.

Le couvent de Saint-Arnould, qu'occupaient des moines Bénédictins de l'ordre opulent de Saint-Maur, celui des dames religieuses Ursulines, celui des humbles et dévotes religieuses (1) Augustines de Saint-Michel; tous les couvents enfin, qui selon la règle de la communauté ecclésiastique devaient à l'assistance du pauvre non-seulement les rentes et redevances à ce destinés par fondation de personnes pieuses et charitables, mais encore le disponible annuel de leur revenu, tous faisaient

_____

(1) Qualifications adoptées par les Dames de Saint-Michel

l'aumône La plupart faisaient en ordinaire à leur porte, par
certains jours de la semaine, des distributions de pain, de
soupe ou d'autres secours aux pauvres mendiants et passants
de la ville et des environs. Quelques-uns faisaient en extraordinaire à la porte de l'église, aux temps marqués par les actes
de fondation, des distributions analogues. Mais aucun d'eux,
pas même le prieuré royal de Saint-Michel, ne tenait alors
son Hospice ouvert à l'assistance du pauvre, vieux, malade,
infirme, faible ou simplement indigent.

A la vérité, il avait existé jadis aux abords de la ville, un
couvent de religieux Lazaristes ayant entretenu, par forme
d'annexe à sa maison conventuelle, un hospice à destination
des pauvres malades, lépreux ou autres; soit, en d'autres
termes, une Maladrerie. Mais en 1789 ce n'était plus là qu'un
souvenir assez confus. La Maladrerie était tombée en ruines
et le couvent lui-même avait disparu ou peu s'en faut.

Il en était de même de l'ancien Hôtel-Dieu du prieuré royal
de Saint-Michel.

Depuis 1608, et par lettres-patentes de Henri IV, les biens
de la Maladrerie de Saint-Lazare et du prieuré royal hospitalier de Saint-Michel avaient été joints, unis et incorporés,
puis donnés, sur la démission volontaire de Jacques Freret
d'une part, et de Madeleine Subtil de l'autre, derniers administrateurs des dotations distinctes, à Mme Perrinne de
Hannique, religieuse professe de l'Hôtel-Dieu hospitalier de
Pontoise et de l'ordre de Saint Augustin, à titre de prieure
titulaire de la maison de Saint-Michel : pour jouir et user des
fruits, revenus et émoluments, les régir et gouverner en
bonne administratrice, retirer et alimenter en la manière
accoutumée distinctement et séparément d'avec les pauvres de
l'Hôtel-Dieu, les pauvres malades lépreux étant ou qui seraient
dans la Maladrerie, et à la charge de payer par an à la recette
de la Chambre de charité du Roi 50 livres tournois.

En 1618, huit ans après, la dotation était encore en la possession de Mme de Hannique, qui habitait avec 6 religieuses en
titre la maison de Saint-Michel; mais dix-huit ans après, le
même couvent était habité par Mme Loïse de Hanniquart, prieure,
avec 10 religieuses professes, et en 1639, trente-trois ans après,

par Mme Eléonore de Vic, prieure titulaire, Marie de Vic, sa
sœur, coadjutrice, et 27 religieuses professes, y compris la
maîtresse des novices, mais les novices non comprises. Le
prieuré hospitalier était devenu un couvent. C'est pourquoi
le procès-verbal de réformation de la forêt de Retz, de 1672,
rapporté par M. le marquis de Fleury, dit excellemment :
« La prieure et les religieuses de l'Hôpital Saint-Michel de
« Crépy, sont particulièrement à conserver pour 30 cordes de
« bois et même par délivrance, pour 4 arpents et demi de
« taillis dans le buisson du Tillet... Attendu que le nombre
« des religieuses est considérable et qu'elles ont besoin de
« fagots en espèces et quantités pour les pauvres passants et
« malades auxquels elles doivent par obligation secours et
« retraite. »

Elles n'en recevaient guère si elles en recevaient encore. On
voit en effet vers cette époque la confrérie religieuse et charitable de Saint-Joseph qui, établie à Crépy vers 1630, devait
se faire reconnaître par lettres-patentes royales conformément
à l'Edit de 1662, solliciter en même temps que sa confir-
mation, et avec l'appui du Bailliage de Crépy, du Chapitre de
Saint-Thomas, des Echevins, des personnes notables, voire
même des marchands et artisans de la ville, l'autorisation
d'établir à Crépy, sous le nom d'Hôpital Saint-Joseph, une
maison de secours, espèce de maison de travail et de correction
pour les mendiants vagabonds, de pansement et de traitement
pour les malades ; ce qui lui fut octroyé en effet par lettres-
patentes données à Versailles en décembre 1685.

On voit en même temps encore les religieuses du couvent de
Saint-Michel, dénoncées par les autorités de la ville, obligées
de répondre aux enquêtes qu'ordonne M. de Roquelaure,
évêque de Senlis, sous la juridiction duquel sont les établissements ecclésiastiques du lieu, et répondant par
Mme Marie de Virthamont, prieure titulaire : qu'en effet
le prieuré royal de Saint-Michel avait été jadis hospitalier ;
mais que les dames de Saint-Michel avaient été depuis
longtemps, par décision en bonne forme, affranchies des
charges de leur dotation, qui n'étaient d'ailleurs que de recevoir, loger, chauffer et nourrir à la nuit et pendant

24 heures seulement les pauvres passants et voyageurs mendiants ; qu'ainsi le prieuré hospitalier de Saint-Michel avait été de bonne heure converti en prieuré purement conventuel et que d'ailleurs les revenus de la dotation étaient à peine suffisants pour l'entretien des bâtiments de la maison et des dames religieuses qui s'y étaient réfugiées.

Il faut croire que ce procès, dont on ne voit pas la fin, fut cependant suivi de quelque résultat ; car M. Delahante, dans ses notes manuscrites sur les anciens établissements charitables de Crépy, dit positivement que ce fut la dernière prieure, laquelle fut Mme Suzanne de Calignon d'Ambézieux, qui longtemps avant l'époque de la Révolution avait fait fermer tout à fait l'asile à la nuit, avec pain, soupe et feu, des dames de Saint-Michel.

Quoi qu'il en soit, les Hôtel-Dieu, Maison-Dieu, Prieuré Royal hospitalier et Maladrerie réunis de Crépy-en-Valois n'étaient plus, à l'époque de la Révolution, qu'un ensemble de biens de diverses origines et de destinations anciennes non moins diverses, sur lequel vivaient les humbles et dévotes religieuses du couvent de Saint-Michel, et c'est pourquoi, sans doute, les biens de ce couvent, séquestrés en 1790 comme biens ecclésiastiques, furent conservés par l'Etat, et pourquoi les réclamations de la Municipalité en 1792, celles du Bureau de bienfaisance de Crépy en 1796, ne furent pas écoutées sur ce point, et c'est pourquoi aussi l'Hospice civil de Crépy ne se rattache en rien à l'ancien Hospice du couvent de Saint-Michel.

Quant à l'Hôpital Saint-Joseph, que la confrérie du même nom avait été expressément autorisée à ouvrir, comme on l'a dit, par lettres-patentes de septembre 1685, il ne fut jamais ouvert. La confrérie de Saint-Joseph n'eut jamais de maison hospitalière, et comme l'autorisation de 1685 lui avait été expressément accordée sous condition d'ouvrir l'établissement, cette charte était périmée lorsque survint le séquestre de 1790. C'est ce qui résulte tant de la charte elle-même que des notes manuscrites de M. Laurens, trésorier de la confrérie, et du compte décennal qu'il a rendu de sa gestion à la Municipalité de Crépy le 4 ventose an II.

Malgré cela, c'est par la confrérie religieuse et charitable de Saint-Joseph et par une petite dotation qui est toujours entre ses mains, que l'Hospice civil de Crépy se rattache aux anciens établissements charitables laïcs ou ecclésiastiques de la ville.

A la différence des particuliers et de tous les autres établissements plus ou moins charitables de Crépy, la confrérie de Saint-Joseph avait fait de l'assistance du pauvre son objet principal. Comme nos bureaux de bienfaisance modernes, elle avait pour but de supprimer le vagabondage et la mendicité par l'assistance du pauvre à domicile, ce que les couvents ne faisaient pas.

Représentée par un bureau de quatre administrateurs laïcs, dont un à la nomination de l'évêque de Senlis, à titre de trésorier dépositaire, cette Société quêtait en ville les dons manuels à destination des pauvres malades et aussi dans les églises les aumônes à la même destination par le moyen de trois dames de charité quêteuses. Ces secours, distribués tant par son bureau que par les dames de charité, étaient délivrés aux indigents de la ville et des faubourgs par le moyen des marchands boulangers, bouchers, etc. De modeste qu'elle était à son origine, la confrérie de Saint-Joseph, une fois reconnue par les lettres-patentes de 1685, commença à s'enrichir. Par quelques dons manuels et par de constantes épargnes, elle était arrivée en 1791, au moment où elle disparut à titre de congrégation, à posséder : tant en maisons de ville et jardins à Crépy, qu'en rentes constituées sur le clergé général, sur l'hôtel-de-ville de Lyon, sur les aides et gabelles de Soissons, sur la compagnie des Indes, sur l'abbaye de Châlis et sur divers autres corps ou particuliers, tant ecclésiastiques que laïcs, 2.500 livres de revenu annuel ou environ. Depuis 1783, en joignant à ces revenus : le produit des quêtes en ville et dans les trois églises de Saint-Thomas, Saint-Denis et Sainte-Agathe; celui des petits dons manuels ; le disponible annuel des revenus de la Trinité, autre confrérie de l'église collégiale de Saint-Thomas, fondée pour subvenir aux pompes et aux cérémonies de ce temple ; ensemble les rentes et redevances cédées depuis 1685, par le chapitre de Saint-Thomas ; certaines amendes du Bailliage et quelques petits droits de ville et de maîtrise : la

confrérie de Saint-Joseph était arrivée à distribuer chaque
année pour 3 à 4.000 livres de secours. C'est ce qu'on voit par
le sommier de ses biens et par le compte déjà cité de
M. Laurens, son trésorier.

La suppression d'un certain nombre d'établissements ses
débiteurs et le séquestre des biens ecclésiastiques, lui firent
tout d'abord perdre une partie de ses revenus. Elle fut ensuite
supprimée elle même en 1791, à titre de congrégation purement
ecclésiastique, et ses biens furent vendus et achetés. Mais
l'erreur fut reconnue, et lorsqu'en 1796 les administrateurs du
Bureau de bienfaisance récemment fondé pour la ville de
Crépy, firent entendre leurs réclamations, des indemnités
furent mises à la charge du Trésor national pour les biens
disparus de l'ancienne congrégation laïque religieuse et charitable de Saint-Joseph, et liquidées au profit des pauvres de
Crépy à concurrence de 1.659 livres de rente sur le Grand
Livre de la Dette publique.

On verra plus loin ce que l'Hospice a recueilli réellement de
ces rentes par l'intermédiaire des Bureaux de bienfaisance de
Crépy ; mais c'est par elles et par elles seules qu'il se rattache
aux anciens établissements charitables de Crépy.

§ II

Historique des Bureaux de Bienfaisance auxquels a succédé l'Hospice civil de Crépy.

Trois Bureaux de bienfaisance ont, depuis la Révolution de
1789, précédé l'Hospice civil de Crépy et laissé quelque chose
dans sa dotation et dans ses services de charité.

Le premier, qui fut un bureau particulier, a été fondé le
6 octobre 1793, par le Comité de bienfaisance de 21 membres,
nommé par la Société populaire de Crépy, et à la tête duquel
se trouvaient les personnes les plus notables et les plus riches
de la ville.

Ce Bureau a eu, dès son origine et pendant toute son exis-
tence, pour trésorier M. Laurens, ancien trésorier de la confrérie de Saint-Joseph, trésorier du Comité et de la Société

populaire elle-même. Il a concouru aux mesures d'assistance publique décrétées par la Convention les 18 et 23 mars 1793; il a reçu des secours publics et des aumônes importantes et il a distribué des secours non moins importants. Il a disparu, le 10 décembre 1796, devant le Bureau municipal, dont on va parler, en lui laissant un reliquat de caisse en assignats dépréc'és de 11.489 livres et un autre reliquat de caisse en numéraire de 232 livres 13 sols et 3 deniers.

Le second, premier bureau en titre public, venait d'être fondé sous le titre d'Hospice, avec référence à la loi du 16 vendémiaire an V (7 octobre 1796), par l'administration municipale du canton de Crépy, délibérant au nombre de cinq membres sur onze, le 1er décembre 1796 (10 frimaire an V).

La France était alors sous le gouvernement des Directoires et sous le régime des municipalités collectives et des administrations municipales de canton. Le canton de Crépy, canton politique et administratif, se composait des onze communes suivantes : Auger-Saint-Vincent, Bouillant, Crépy, Duvy, Lévignen, Ormoy-Villers, Rouville, Russy, Séry, Trumilly et Vaumoise. L'administration municipale se composait des maires de ces onze communes. Il y avait six semaines que la loi du 16 vendémiaire an V, relative aux hospices civils, avait été rendue, et trois jours que celle du 7 frimaire an V, qui prescrivait aux administrations municipales de former des bureaux de bienfaisance partout où il serait besoin et un au moins par canton, était parue. C'est dans ces conditions que l'administration municipale du canton de Crépy nomma une commission de bienfaisance de cinq membres pour la ville de Crépy seulement et n'en nomma pas d'autre.

Cette commission fonctionna aussitôt comme Bureau de bienfaisance pour la ville de Crépy. Elle ne fonctionna jamais autrement jusqu'au 2 pluviôse an XI (22 janvier 1803), jour où elle disparut elle-même devant une commission de bienfaisance nommée par arrêté de M. le Préfet de l'Oise le 8 décembre 1802 (17 frimaire an XI), pour le canton de justice de paix de Crépy, seul canton alors subsistant depuis l'établissement du Consulat en 1801.

C'est au profit du Bureau de l'an V et des pauvres de Crépy, que furent liquidées les indemnités mises à la charge du Trésor national pour les biens disparus de l'ancienne contrérie de Saint-Joseph ; c'est également à ce Bureau, dont le trésorier fut également M. Laurens, que fut versé, le 9 juillet 1802, le reliquat du compte décennal de M Laurens, trésorier de la congrégation de Saint-Joseph ; savoir : 2.200 livres en assignats dépréciés et 1.745 livres 9 sols en numéraire.

Les 1.059 livres de rente sur le Grand Livre étaient à peine liquidées, que les lois de vendémiaire et de nivôse an VI disposèrent que toutes les rentes inscrites au Grand Livre seraient réinscrites pour 1/3 et remboursées pour les 2/3 de surplus en assignats dépréciés. Le Bureau ne reçut donc de cette liquidation que 555 livres de rente sur le Grand Livre et 22.100 livres en assignats pour le prix du capital des 2/3 remboursés. Mais en négociant les assignats au cours, il en tira 353 livres 12 sols, et en y ajoutant les arrérages courus qui lui furent payés en numéraire, 986 livres 7 sols, il réunit 1.300 livres ou environ, qu'il employa en rentes par addition aux 555 livres. Il fit de même en 1802, quand il reçut les 1745 livres du compte Laurens. C'est par ce moyen qu'il put remettre au bureau cantonal, le 2 pluviose an XI, 770 livres de rente sur le Grand Livre en quatre parties.

Il lui remit, en même temps, un reliquat de caisse de 2.028 livres 17 sols et 9 deniers, plus quatre parties de rente sur particuliers de recouvrement douteux et d'origine incertaine, formant ensemble un revenu de 152 livres ; total : 922 livres de revenu (Procès-verbal du 2 pluviose an XI).

Le Trésor national était alors en possession d'un certain nombre de rentes sur particuliers que le séquestre des biens ecclésiastiques et la suppression d'un grand nombre d'établissements de cet ordre avait mises entre ses mains, et parmi ces rentes un grand nombre, dont les titres plus ou moins certains ou périmés étaient cependant dans les archives des préfectures, n'avaient pas été mises en recouvrement depuis le séquestre. La plupart étaient minimes, de recouvrement incertain ou difficile. Les débiteurs se cachaient et résistaient par tous les moyens en leur pouvoir. Le gouvernement du

Consulat, continuant le rétablissement de l'assistance des indigents sous la direction de l'état laïque et purement politique commencé par ses prédécesseurs, avait successivement décidé l'abandon de ces rentes aux hospices, aux bureaux de bienfaisance et à tous les établissements charitables à portée et en mesure d'en faire le recouvrement. Le Bureau de bienfaisance de Crépy, guidé par M. Delahante qui, député sous le Directoire, était revenu à Crépy, depuis le 18 brumaire, (9 novembre 1799), reprendre sa place de Président, avait sollicité sa part dans cette aubaine. Mais M le Préfet de l'Oise avait jugé qu'il ne serait pas bon de trop diviser ces rentes et qu'il serait meilleur de former pour les recueillir des Bureaux de bienfaisance par cantons de justice de paix. Le canton de justice de paix était le seul existant, ce canton était tel ou à peu près qu'aujourd'hui. Par un arrêté du 17 frimaire an XI (8 décembre 1802), une commission de cinq membres fut nommée à l'effet de concourir aux mesures à prendre pour l'extinction de la mendicité dans le canton de justice de paix de Crépy, et cette commission était à peine nommée qu'un arrêté des Consuls chargea les Préfets de faire faire le recensement et de faire le partage des rentes négligées entre les établissements de leur ressort en état d'en poursuivre utilement la rentrée.

Cependant, par ordre du Préfet, le Bureau de bienfaisance cantonal de Crépy se faisait remettre, comme on l'a vu, le portefeuille, la caisse et les pouvoirs du Bureau particulier de la ville. Ce ne fut pas sans protester que celui-ci s'exécuta. Mais un accord se fit aussitôt qui, jusqu'à la mort de M. Bezin, fut pleinement respecté. Il fut convenu que les deux Bureaux réunis seraient gérés distinctement par l'administration cantonale ; que M. Laurens tiendrait la caisse et les écritures du Bureau de la ville, M. Dambry celles du Bureau cantonal, qui n'avait alors ni dotation ni ressources éventuelles en perspective apparente. A la mort de M. Laurens, M. Bezin qui, de bonne heure, avait pris la place de M. Dambry, réunit les deux caisses, mais en observant fidèlement le pacte primitif.

Les choses étaient en cet état lorsque le 25 messidor an XI (14 juillet 1803), un arrêté de M. le Préfet de l'Oise pris sur les

indications de la commission cantonale, lui transféra
3.118 livres 18 sols et 11 deniers de rentes en argent, sur
particuliers, plus quelques redevances en nature non évaluées,
en 974 parties, le tout provenant des couvents, fabriques
d'églises et autres communautés ecclésiastiques supprimées
dans le canton de justice de paix de Crépy (1).

La commission cantonale n'eut jamais d'autres ressources à
destination du canton.

Le Bureau de Crépy, géré par M. Laurens, continua ses
quêtes à l'église de la ville, reçut les aumônes à destination
des pauvres de celle-ci, et notamment, en 1806, un legs de
3.338 livres par M. Laurens, puis, de 1809 à 1814, une contri-
bution volontaire importante des habitants; subvenant
d'ailleurs de son seul fonds au secours à domicile des indigents
de Crépy, suivant les usages de la confrérie de Saint-Joseph,
et faisant chaque année de notables économies. C'est ainsi
qu'à la mort de M. Bezin, le 20 juin 1822, et suivant l'arrêté de
compte du 31 juillet suivant, le Bureau possédait 2.231 fr. de
revenu annuel en 17 inscriptions de rente sur le Grand-Livre,
plus un encaisse de 1.890 fr. 38 cent. Ses rentes sur particuliers
avaient disparu.

Quant au Bureau cantonal, tout entier à la poursuite de
sa dotation, il avait remis la plus forte partie de ses rentes en
recouvrement à des receveurs de détail qui distribuaient bon
an mal an 2 à 300 fr. aux pauvres du canton et lui reversaient
leurs excédents. Il s'occupait du contentieux, capitalisait
ses revenus, accumulait et plaçait son argent, en vue, on
l'a dit avec raison, d'une fondation hospitalière à venir. Un

(1) Le Bureau et l'Hospice ont pu recouvrer des rentes qui n'étaient
pas comprises au transport; mais toutes celles y comprises ne purent
être recouvrées. M. Delahante dit dans ses notes : que quelques-unes
de ces dernières, perçues jadis à titre ce cens féodal, se trouvaient
éteintes; que d'autres, à l'instigation des maires de quatre communes
qu'il désigne, avaient été mises en recouvrement par le receveur de
Verberie; enfin que des particuliers mis au courant de l'affaire malgré
les précautions prises par M. Bezin et par lui, s'étaient fait transférer
les plus importantes par le domaine avant l'arrêté du 25 messidor
an XI.
M Delahante était alors maire de Crépy et M. Bezin adjoint.

secours extraordinaire de 600 fr., accordé à Feigneux, en
1811, à propos d'un ouragan ; un autre de 2.000 fr., accordé
à Crépy en 1815. forment à peu près ses seuls actes de bienfaisance extraordinaire. C'est ainsi qu'au bout de dix-neuf ans, à
la mort de M. Bezin, et suivant l'arrêté de compte du 31 juillet
1822, complété par les registres, il possédait un encaisse
de 7.025 fr. 44 cent., 5.500 fr. de rente sur le Grand Livre en
9 inscriptions ; et comme solde de ses rentes sur particuliers,
600 fr. ou environ de revenu en 140 parties. Le reste avait
disparu.

Cependant et de plus, le Bureau cantonal possédait une
maison à destination d'établissement charitable, qui lui avait
été offerte, « pour les pauvres de la ville et du canton » par
M. Etienne-Marie Delahante, son président, et Mme Adélaïde-
Alexandrine Parseval, sa femme, suivant acte de donation
passé devant Lefèvre, notaire à Crépy, le 12 novembre
1821.

Cette libéralité lui avait été faite en ces termes :

« M. et Madame Delahante désirant faciliter dans la ville
« l'établissement depuis si longtemps considéré comme
« extrèmement utile, tant par la Commission que par la ma-
« jeure partie des habitants, de deux sœurs de la charité qui
« en même temps qu'elles visiteraient les pauvres malades,
« leur distribueraient les secours qui leur sont accordés,
« veilleraient à ce qu'il n'en fut pas fait un abus : pourraient
« tenir une école pour les filles et diriger l'hospice que l'on
« espérait pouvoir former par la suite en faveur de quelques
« vieillards de l'un et de l'autre sexe tant de la ville que des
« communes du canton, qui dépourvus de parents se trouvent
« privés de secours que leurs infirmités leur rendent néces-
« saires, ont par ces présentes fait donation aux pauvres de
« la ville et des communes composant le canton actuel de
« Crépy ; ce accepté provisoirement par la Commission, d'une
« maison avec ses dépendances sise à Crépy rue du Cloître-
« Saint-Thomas, n° 98. »

« Cette maison (art. 3 des conditions) sera consacrée au
« logement des sœurs de la charité ou à tout autre établisse-

« ment de charité en faveur des pauvres de la ville et des
« communes du canton de Crépy, et il ne pourra y être formé
« aucun établissement étranger aux pauvres. »

Par ordonnance royale du 1er Mai 1822, la Commission
avait été en ces termes autorisée à accepter : « Le Bureau de
« charité du canton de Crépy est autorisé à accepter au nom
« des pauvres de la ville (sic) la donation faite par M. et Ma-
« dame Delahante d'une maison avec ses dépendances sise à
« Crépy et estimée 3.000 francs : pour servir au logement des
« sœurs de la charité ou à tout autre établissement de cha-
« rité. » Et par acte passé devant le même Lefèvre, notaire à
Crépy, le 1er juin 1822, elle avait accepté.

Il paraît bien inutile de faire ressortir ici la portée aussi
équitable que libérale des dispositions de l'acte du 12 novembre
1821, en y comprenant l'article 3 des charges et conditions,
que plusieurs semblent ne pas avoir aperçu jusqu'à ce jour.

La mort de M. Bezin semble le signal d'une ère nouvelle.

M. Lecornier lui succède, et presque aussitôt, de fait, la
caisse et les écritures des deux Bureaux sont confondues.
Puis la maison de la rue du Cloître Saint-Thomas devient
vacante, et enfin, dès le 1er octobre 1822, le Bureau qui, avec
le concours des notables habitants de la ville, a fait approprier
la maison à ses nouveaux usages et l'a fait garnir de meubles,
ustensiles et effets mobiliers nécessaires, y installe deux
sœurs professes de l'ordre ecclésiastique de Saint-Joseph de
Cluny et une converse, et commence l'établissement des trois
services de charité proposés par M. et Mme Delahante dans
leur acte de donation.

Le 30 octobre 1822, par procès-verbal signé de toute la
commission, l'ouverture des trois services est annoncée
comme il suit :

« Art. 1er. L'ouverture solennelle de l'école gratuite des
« filles tant de la ville que des communes du canton, qui sera
« tenue par les sœurs de Saint-Joseph, se fera le 7 novembre
« prochain par une messe du Saint-Esprit qui sera dite dans

« l'Eglise paroissiale à 10 heures précises du matin et à la
« suite de laquelle M. le curé sera prié de vouloir bien se
« rendre à la maison des sœurs, pour y bénir l'école et les
« autres parties de la maison.

« Seront invités à cette cérémonie religieuse, avec les sœurs
« et les enfants déjà inscrits pour suivre les leçons de l'école,
« les dames de charité et les membres tant du Conseil que de
« la Commission de bienfaisance.

« M. le Maire sera prié de faire annoncer la cérémonie par
« une proclamation dans laquelle il voudra bien insérer
« quelques dispositions relatives à la police de l'école.

« Art. 2. A partir de la première semaine de novembre, les
« sœurs de Saint Joseph feront la distribution du pain ac-
« cordé aux indigents valides par la Commission, après en
« avoir vérifié le poids et la qualité. Le boulanger chargé de
« la confection de ce pain portera chez les sœurs à l'heure
« de la matinée du lundi et du jeudi de chaque semaine
« qu'elles lui indiqueront, tout celui qu'elles auront à distri-
« buer dans chacun de ces jours. — Le pain que ledit bou-
« langer fournira à l'avenir sera toujours de la qualité du
« pain appelé bis-blanc, et le prix lui en sera payé à la déduc-
« tion de 5 centimes sur la taxe du pain pesant 5 kilogrammes,
« ce dont il est convenu, etc., etc.

« Art. 3. La Commission, considérant que les dépenses
« qu'elle vient de faire pour faire garnir la maison des sœurs
« de Saint-Joseph, de tous les meubles et autres objets qui y
« étaient nécessaires, l'ont privée des moyens de faire très
« prochainement celles qui seraient indispensables pour pro-
« curer un asile à quelques vieillards de l'un et de l'autre
« sexe qui, parce qu'ils n'ont auprès d'eux aucun de leurs
« parents, se trouvent dénués de l'assistance que leur âge et
« leurs infirmités leur rendraient nécessaires ; et que l'époque
« de cette amélioration aux avantages qu'elle espère voir
« résulter en faveur des indigents de la ville et des communes
« du canton de l'établissement des sœurs, pourrait être accé-
« lérée, si les personnes charitables étaient instruites de tout
« ce qu'il serait nécessaire de procurer à la maison pour qu'il

« fût possible d'y accorder asile à quelques vieillards et in-
« vitées à contribuer autant que leurs moyens le leur permet-
« traient à le lui fournir ; arrête que le projet d'avertisse-
« ment qui vient de lui être soumis sera imprimé et distribué
« tant dans la ville que dans les communes du canton. »

Le 7 novembre a lieu une ouverture solennelle, et le 24 la
Commission décide en vue de la confusion définitive des
caisses et des écritures à partir du 1er janvier 1823, que les
pauvres de Crépy seront à l'avenir considérés comme ayant
droit au tiers des rentes de la dotation cantonale, ceux
des autres communes du canton aux deux tiers, et ce, en
raison notamment de ce qu'il n'avait jamais été rien distribué
en ordinaire aux pauvres de Crépy depuis vingt ans. Enfin, le
23 février 1823, la commission adresse à tous les maires du
canton de justice de paix de Crépy une lettre-circulaire les
informant : 1° Que l'asile des vieillards ne pourrait recevoir
jusqu'à nouvel ordre que trois hommes et trois femmes ou
six vieillards âgés de 60 ans au moins, mais sans maladies ou
infirmités caractérisées, qui se soumettraient d'ailleurs au
règlement de la maison et prendraient l'engagement de lui
laisser à leur décès leurs effets mobiliers ; 2° Que les filles
qui voudraient être reçues à l'école devraient être âgées de
6 ans au moins et se faire inscrire à l'avance au secrétariat de la
mairie pour être reçues lorsqu'il y aurait des places vacantes.

Pendant ce temps, la dotation augmente toujours, tant
par la réception de quelques dons ou legs à employer,
que par de larges économies. Suivant quittance notariée du
28 octobre 1822, la Commission encaisse avant autorisation,
des héritiers de M. Delagranche, de Crépy, décédé, qui, par
son testament du 4 novembre 1818, l'a légué « à la Commis-
« sion de bienfaisance du canton et de la ville de Crépy, ou à
« tout autre établissement qui pourrait la remplacer, la
« somme de douze cents francs, pour secours aux malades
« indigents de la ville. » Cette somme fait partie des 2.227 fr.
39 cent. trouvés dans la caisse du Bureau de la ville, suivant
le procès-verbal du 5 février. Le même jour, il est trouvé
dans la caisse du Bureau cantonal 9.007 fr. 60 cent. ; total :

11.834 fr. 99 cent. La Commission fait acheter sur ce reliquat, le 25 février, 331 fr. de rente sur le Grand Livre. Mais comme dès le 27 elle reçoit des héritiers de M Bezin une rente de 50 fr. sur le même Grand Livre, léguée par le défunt « aux « pauvres de la ville, » suivant testament du 19 juin 1819 : ses rentes sur l'Etat s'élèvent, pour le semestre de mars 1823, au revenu total annuel de 8.162 fr.

L'année 1823 s'écoule sans autre incident notable que l'offre c. 6.000 fr. qui est faite le 23 mars à la Commission par M. Le Pelletier, maire de Crépy, au nom de son père décédé, pour dotation d'un lit de vieillard indigent à l'Hospice de Crépy, quand la Commission sera régulièrement autorisée à les recevoir. La Commission accepte; l'autorisation est demandée; mais le 10 décembre 1823, après diverses correspondances, la Commission reçoit avis que l'autorisation d'accepter est définitivement refusée au Bureau et ne sera accordée qu'à un Hospice civil régulièrement formé. M. Le Pelletier écrit pour demander ce qu'il faut faire, et pendant ce temps-là (séance du 28 janvier 1824) la Commission arrête comme il suit le compte de l'année 1823 :

Secours aux pauvres malades de la ville...	1.042 fr. 37
Secours aux indigents valides (1)...........	1.523 66
Dépenses de l'Hospice.....................	4.626 72
Dépenses de la Filature....................	840 65
Remise du droit sur les bals et concerts....	14 80
Ensemble..............	8.048 fr. 20
Solde disponible........................	9.455 91
Total égal aux recettes...	17.504 fr. 11

Sur ce reliquat de 9.455 fr. 91 cent., la Commission fait acheter 300 fr. de rente sur le Grand Livre, en addition à celles

---

(1) Les secours délivrés aux communes suburbaines ne sont pas compris dans ces comptes. Ils étaient toujours délivrés par les receveurs en détail des rentes sur particuliers

qu'elle possède, et le revenu en rentes de cette nature s'élève pour le semestre de mars 1824 à 8.462 fr. par an.

Enfin, au mois de juin, on sait, relativement à l'Hospice en projet, qu'il faut que le Bureau établisse lui-même l'état de ses revenus; qu'il fasse la demande de formation d'un Hospice à Crépy; que le Conseil municipal de Crépy donne son avis sur cette demande, après quoi le Préfet donnera aussi son avis; le Conseil d'Etat sera consulté; le Ministre de l'intérieur ayant fait son rapport, le Roi prononcera. C'est pourquoi le Bureau se réunit le 30 juin 1824 et formule sa demande.

Ce même jour, 30 juin 1824, M. Delahante, son président, lui offre, de la part d'un anonyme, à titre de dotation propre aux services de charité qu'il a proposés d'établir dans la maison hospitalière, 3.000 fr. à employer en rentes, et la Commission, qui les accepte, les encaisse tout aussitôt. Cette somme est confusément employée, dès le 27 juillet, dans celle de 14.694 fr. 82 cent. que la Commission trouve dans sa caisse à cette époque, et pour le mois de septembre 1824 le revenu en rentes sur l'Etat est de 8.862 fr., comme il le sera encore le 25 mai 1825, après la formation de l'Hospice civil.

Le 27 octobre 1824, intervient l'ordonnance royale qui autorise en ces termes l'acceptation du don anonyme de 3.000 fr. : « Le Bureau de bienfaisance de Crépy (Oise) est « autorisé à accepter la donation faite audit établissement, « par une personne qui désire rester inconnue, d'une somme « de 3.000 fr., pour servir à l'éducation gratuite des filles « pauvres, ainsi qu'au soulagement des vieillards et des « malades indigents de la commune. »

Le lendemain 28 octobre, M. et Mme Delahante, toujours bienveillants pour la maison, lui font l'abandon pur et simple, sans autre forme de procès, d'un jardin contigu acquis par eux, au mois d'avril précédent, du sieur Deflers, sur lequel ils ont fait élever des constructions; « ayant vu, disent-ils, « que les sœurs n'avaient pas la plus grande partie des « commodités dont elles regrettaient d'être privées. » Incorporée depuis plus de trente ans et possédée paisiblement,

publiquement et à titre de propriétaire depuis cette époque
par l'Hospice civil de Crépy, cette acquisition est aujourd'hui
couverte par le droit de prescription.

Tel est l'historique de la maison de secours et de la dotation
que l'Hospice civil de Crépy a reçues, le 25 mai 1825, des
administrateurs du Bureau de bienfaisance appelé depuis
vingt ans, non sans raison, le Bureau de la ville et du canton.

CHAPITRE V

Fondations particulières
au profit des premiers services hospitaliers.

§ 1er
Ecoles des Filles.

Il ne paraît pas qu'aucune dotation spéciale à destination de l'Ecole des Filles, se soit ajoutée aux 50 fr. de rente ou environ qu'on peut considérer comme dus par l'Hospice à l'éducation de filles pauvres, dans le revenu du don anonyme de 3.000 fr. autorisé par l'ordonnance royale du 27 octobre 1824.

§ II
Bureau de Distribution.

Il en est de même pour le bureau de distribution et de surveillance des secours à domicile de Crépy, par des dames religieuses.

§ III
Asile des Vieillards.

La dotation à laquelle ce service semble avoir droit dans le revenu du don anonyme de 3.000 fr., a été au contraire augmentée par divers bienfaiteurs.

1. *Lit Le Pelletier.* — Les 6 000 fr. offerts en 1823 par M. Le Pelletier au nom de son père décédé ont été effectivement donnés à l'Hospice civil de Crépy, depuis sa fondation, suivant acte de Lefèvre, notaire à Crépy, en date du 15 décembre 1825.

Il est dit dans cet acte : « Le donateur se réserve et réserve « à ses héritiers le droit de placer à perpétuité un indigent « de la ville ou du canton de Crépy, dans ledit Hospice, pour « occuper le lit complet remis à cet effet audit établissement « du vivant de M. le baron Le Pelletier, père du comparant, « et ce pour y recevoir sans aucune rétribution, ses « nourriture, médicaments et tout ce qui sera nécessaire à « ses besoins. — Les indigents qui seront présentés par le « donateur ou ses héritiers devront être agréés par les « administrateurs de l'Hospice. »

Ce don a été autorisé par une ordonnance royale du 30 mars 1826, ainsi conçue : « La Commission administrative de « l'Hospice de Crépy (Oise), est autorisée à accepter la « donation faite à cet établissement par le sieur Le Pelletier, « suivant acte public du 15 décembre 1825, d'une somme de « six mille francs, qui sera employée en rentes et à la « condition : que le donateur et ses héritiers auront le droit « de placer un indigent dans ledit Hospice. »

La somme de 6.000 fr. a été délivrée à l'Hospice suivant acte de Lefèvre, notaire à Crépy, en date du 30 avril 1826.

2. *Lit de Pehu.* — Suivant son testament olographe du 25 août 1846, déposé à Tassart, notaire à Crépy, le 27 janvier 1852, M. Pierre-Charles de Pehu, propriétaire à Crépy, a disposé comme il suit : « Je lègue la somme de 7.500 fr. à « l'Hospice des dames de Saint-Joseph de Crépy, pour un lit « d'homme âgé ou infirme, à mon choix vivant, et après moi « au choix de Auguste Papeguay, mon légataire universel. » Mais par des codicilles du 25 août 1847 et du 30 avril 1849, M. de Pehu a institué pour légataire universel M. Damas-Eugène Papeguay, fils du précédent, et réduit d'un dixième le legs de son premier testament. Ce legs a été accepté suivant autorisation préfectorale du 10 mai 1856, ainsi conçue :

« L'Hospice de Crépy est autorisé à accepter le legs fait à cet
« établissement par M. Pierre-Charles de Pehu suivant ses
« testaments et codicilles du 25 août 1847 et du 30 avril 1849,
« de 6.750 fr. à employer, aux charges et conditions desdits
« actes testamentaires ».

3. *Lit de Mondion.* — M. Jean-Vincent de Mondion de
Chassigny et Madame Adélaïde-Charlotte-Valère de Saint-
Julien, sa femme, demeurant à Paris, auraient acheté en mars
1858, pour l'Hospice de Crépy, une rente au porteur de 400 fr.,
quatre et demi pour cent du capital, sur le Grand Livre de la
Dette publique de France, qui aurait été comprise au rang des
rentes de l'Hospice dans le Compte départemental de l'Oise.

Le 18 mars 1858, la Commission administrative de l'Hospice,
se fondant sur les intentions par elles connues de M. et
Madame de Mondion, a délibéré qu'elle acceptait cette rente
pour dotation d'un lit de vieillard indigent au choix du conseil
ds dames de charité.

4. *Autre Lit de Mondion.* — *Lit éventuel.* — Suivant testament olographe en date du 22 août 1860 et d'un codicille du
6 octobre 1862, tous deux déposés depuis le décès de la testatrice
à M^e   notaire à   , Madame
veuve de Mondion de Chassigny, déjà nommée, a légué à
l'Hospice de Crépy une croix en argent, plus 40 fr. pour le
montage de cette croix sur bois d'ébène.

Mais en même temps ladite dame a légué à la Ville de Crépy
pour l'entretien d'un quatrième frère à l'école communale, une
rente annuelle et perpétuelle de 400 fr.; sous la réserve que
cette rente serait employée pour un lit à l'Hospice, dans le cas
où l'école cesserait d'être dirigée par les Frères des écoles
chrétiennes.

Par décret impérial du 3 août 1867, la Ville de Crépy et
l'Hospice ont été autorisés à accepter cette libéralité.

L'article 4 concernant l'Hospice est ainsi conçu : « La
« Commission administrative de l'Hospice de Crépy (Oise),
« est autorisée à accepter aux clauses et conditions énoncées
« les legs faits à cet établissement par Madame veuve de
« Mondion de Chassigny, suivant ses testaments et codicilles

« olographes des 22 août 1860 et 6 octobre 1862, et consistant :
« 1º en une croix en argent estimé 10 fr. et en une somme de
« 40 fr. pour faire monter cette croix sur bois d'ébène ; 2º dans
« l'éventualité résultant au projet de cet établissement de
« la disposition par laquelle la testatrice après avoir légué
« une rente annuelle et perpétuelle de 480 fr., à la ville de
« Crépy, pour un quatrième frère, a prescrit que dans le cas
« où l'école cesserait d'être dirigée par les Frères des écoles
« chrétiennes, cette rente serait employée à la fondation d'un
« nouveau lit à l'Hospice.

« En cas de remplacement de cette rente et si l'éventualité se
« réalise au profit de l'Hospice, le capital provenant de ce
« remboursement sera placé en rentes trois pour cent sur
« l'Etat, et le dixième des arrérages sera capitalisé et replacé
« de la même manière. »

L'éventualité qui doit amener l'Hospice à profiter de ce legs,
ne s'est pas encore présentée.

CHAPITRE VI

Fondations nouvelles

et nouveaux services de bienfaisance

annexés à l'Hospice civil de Crépy.

§ Ier

Fondation Vallée.

Par son testament olographe du 23 mars 1830 et par codicille du 3 mai 1836, tous les deux déposés depuis le décès du testateur, à Schneider, notaire à Paris, le 3 décembre 1838, M. Etienne-Charlemagne Vallée des Noyers, propriétaire, demeurant à Paris, a disposé comme il suit en faveur des pauvres de Crépy : « Je donne et lègue cinq cents francs de « rente, en une inscription de rente perpétuelle sur l'Etat, « pour lesdits cinq cents francs d'intérêts de ladite rente, être « distribués par les soins de MM. les Maire, Adjoints et Membres « du Conseil municipal de la ville de Crépy (Oise), mon pays « natal, tous les ans, le jour de Saint Etienne (26 décembre), « mon patron, entre les dix plus pauvres et plus âgés nés « dans ladite ville, sans que cette offrande de ma part, prive « en rien, lesdits dix pauvres des bienfaits qu'ils reçoivent « ordinairement, et en prélevant néanmoins sur lesdits

« intérêts de 500 francs de quoi faire dire annuellement à la
« paroisse, une messe ordinaire ledit jour de Saint Etienne,
« recommandée au prône le dimanche qui la précèdera, et à
« laquelle assisteront lesdits dix pauvres. »

« La présente disposition sera inscrite sur le registre des
« délibérations du Conseil municipal de Crépy, pour memento
« de mes dispositions et ne varietur. »

Transcrites à la date du 4 février 1839, sur le registre du
Conseil municipal, ces dispositions ont été soumises le 15 mars
suivant, au Bureau de bienfaisance nommé par arrêté de
M. le Préfet de l'Oise, du 26 février précédent. Le même jour,
elles ont été acceptées par ce Bureau et par une autre délibération du Conseil municipal de Crépy, et enfin le 10 septembre
1830, est intervenue une ordonnance royale qui a autorisé le
Bureau de bienfaisance, à accepter aux conditions y énoncées,
le legs de M. Vallée.

Le legs dont il s'agit, est venu en la possession de l'Hospice,
par la démission volontaire du Bureau de bienfaisance et de
son receveur, à la date du 29 juin 1840.

Le montant du legs a été employé en rente, sur le Grand
Livre, en mars 1840.

§ II

Fondation Hazard (Nicolas).

Par son testament olographe, en date, à Crépy, du
15 décembre 1849, déposé à Tassart, notaire audit lieu, le
30 janvier 1851, M. Nicolas Hazard, propriétaire à Crépy, a
entr'autres dispositions au profit des pauvres de la ville, fait
les suivantes : « Je donne pour les pauvres de Crépy, cent
« francs; pour les pauvres de Bouillant, cinquante francs;
« je donne à l'Hospice de Crépy, pour une médaille de vertu
« qui sera remise chaque année à la plus digne, cinq cents
« francs qui seront placés en rente sur l'Etat, une fois payés. »

Par une délibération du 7 août 1852, l'Hospice a été d'avis
d'accepter et a été en effet autorisé à accepter, par arrêté
de M. le Préfet de l'Oise du 26 novembre 1853, ainsi conçu :

« La Commission administrative de l'Hôpital de Crépy, est
« autorisée à accepter les legs faits aux pauvres de Crépy et
« de Bouillant par le sieur Hazard (Nicolas), suivant son
« testament du 15 décembre 1849, et la somme de 500 francs
« léguée, à l'Hospice de Crépy, pour être placée en rente sur
« l'Etat, et servir à la distribution chaque année d'un prix de
« vertu. »

§ III

Salle d'Asile.

I. La salle d'asile pour les jeunes enfants, filles et garçons,
de la ville et de ses faubourgs, a été ouverte par l'Hospice
civil de Crépy, en 1846, dans les dépendances ajoutées à sa
maison par Madame Adélaïde-Alexandrine Parseval, veuve
de M. Etienne-Marie Delahante, et divers souscripteurs restés
inconnus, aux termes d'un acte reçu par Maintenant, notaire
à Crépy, le 7 octobre 1846.

Madame Delahante explique dans cet acte : « Que désirant
« faciliter dans la ville, l'établissement d'une salle d'asile,
« que souhaitaient un grand nombre de personnes, qui
« regrettaient de voir les enfants des pauvres manquant de
« tout, ne recevant aucun soin et souvent abandonnés sur
« la voie publique, ne recevant d'ailleurs ni éducation, ni
« instruction, leurs parents n'ayant pas les ressources
« nécessaires pour y pourvoir, elle a, pour parvenir à la
« création de cet établissement, sollicité une souscription, et
« appelé à y concourir, et les personnes animées de l'esprit
« de charité et l'administration de la ville; que cette souscrip-
« tion ayant réussi comme Madame Delahante le désirait, elle
« a fait l'acquisition d'un terrain, attenant aux bâtiments et
« aux jardins de l'Hospice (acquisition Cadot du 17 janvier
« 1846), sur partie duquel elle a fait édifier un bâtiment
« approprié à la destination qu'elle voulait lui donner en en
« faisant donation à l'Hospice; qu'ayant pris ensuite l'avis
« des souscripteurs, elle déclare faire donation à l'Hospice du
« terrain par elle acheté, et des bâtiments construits sur partie

« de ce terrain, pour l'Hospice en jouir en toute propriété,
« à compter du jour de l'acte, après s'être fait autoriser par
« qui de droit. »

Il est dit dans une clause particulière du même acte : « Que
« dans le cas où par une cause impossible à prévoir, la salle
« d'asile viendrait à être supprimée, le terrain et le bâtiment
« donnés continueraient d'appartenir à l'Hospice. »

Mais en outre et par le même acte, il est dit : « Que Madame
« Delahante voulant favoriser la salle d'asile dont il est ques-
« tion, et sans que cela eût aucun rapport avec la souscription,
« elle a fait donation audit Hospice de Crépy, d'une rente de
« 900 fr., dont les arrérages courraient et seraient payés de
« six mois en six mois, à partir du 1er octobre 1846; en se
« réservant à elle et à ses héritiers, le droit de fournir à
« l'Hospice, une inscription de rente, sur le Grand Livre de
« la Dette publique, à trois, quatre ou cinq pour cent, à son
« choix, ou de payer à l'administration de l'Hospice, la somme
« nécessaire pour acheter pareille rente. »

Et il est dit dans la clause particulière déjà relatée : « Que
« dès que par une cause impossible à prévoir, la suppression
« de la salle d'asile aurait lieu, pour quelque motif que ce
« soit, la rente de 900 fr. cesserait d'être due par Madame
« Delahante ou par ses héritiers, et, que si, comme il avait été
« prévu, une inscription de 900 fr. de rente avait été remise à
« l'Hospice, ou acquise par l'administration, avec la somme
« qui lui avait été donnée, cette administration serait tenue de
« transférer cette rente à ses frais, soit à Madame Delahante,
« soit à ses héritiers. »

Enfin, sous le titre de charges et conditions, il est dit que
la donation est faite à la charge de par l'Hospice de Crépy :
« 3° De consacrer le rez-de-chaussée du bâtiment à l'établisse-
« ment d'une salle d'asile, et de choisir pour diriger cet
« établissement, deux sœurs de l'ordre religieux, auquel
« l'Hospice est ou sera confié; de les loger, nourrir et entre-
« tenir et de leur payer les émoluments qui leur seraient dus ;
« 4° De ne pouvoir recevoir ni exiger rien des parents des
« enfants qui seront admis à la salle d'asile; cette admission
« devant être tout à fait gratuite. »

La donation a été autorisée par ordonnance royale du
2 avril 1847, ainsi conçue : « Art. 1er. La Commission adminis-
« trative de l'Hospice de Crépy (Oise) et le maire de cette
« commune sont autorisés à accepter, chacun en ce qui le
« concerne, la donation d'un immeuble évalué 10.000 fr., et
« d'une rente de 900 fr. faite audit Hospice, par Madame
« Delahante, née Adélaïde-Alexandrine Parseval, suivant acte
« public du 7 octobre 1846 et ce aux charges et conditions qui
« y sont exprimées. »

Il paraît avoir été fourni à l'Hospice, une inscription de
rente de 900 fr. sur le Grand Livre.

II. Madame Delahante est décédée à Crépy, le 21 octobre
1859, laissant un testament, en date du 13 septembre 1855,
demeuré en la possession de Tassart, notaire à Crépy. Ce
testament contient, entr'autres dispositions de bienfaisance au
profit de l'Hospice, un legs de 1.000 fr. en capital, pour la salle
d'asile, et un second legs de 100 fr. de rente annuelle et perpétuelle, pour venir en addition à la rente de 900 fr., donnée à
l'Hospice en 1846, pour la même salle d'asile.

L'Hospice de Crépy a été autorisé à accepter ces deux legs,
par arrêté de M. le Préfet de l'Oise, en date du 9 juin 1860, et
il aurait également reçu pour le service de la nouvelle rente,
une inscription sur le Grand Livre de la Dette publique.

§ IV

Orphelinat.

I. LEGS DALLERY

Aux termes d'un testament et d'un codicille olographes en
date à Paris, le premier, du 4 janvier 1860, l'autre du
17 février 1861, ainsi que d'un second testament et d'un second
codicille, également olographes, en date à Paris, des 20 et
28 mars 1861; tous déposés à Massion, notaire à Paris,
suivant ordonnance rendue par le Président du Tribunal de la
Seine, le 2 juin 1862, Madame Anne-Béatrix Balin, veuve de
Paul-Nicolas Dallery, décédée à Paris, le 2 juin 1862, a

institué pour légataires universelles, conjointement de sa succession, les filles pauvres de la commune de Crépy et l'orphelinat des sœurs de la Charité de Saint-Paul à Paris.

Par les mêmes testaments, Madame veuve Dallery avait légué à l'Hospice de Crépy, sans autre destination spéciale, une inscription de rente de 100 fr., au Grand Livre de la Dette publique de France.

L'acceptation de ces legs par la ville et par l'Hospice de Crépy, a été autorisée après réclamation des héritiers par décret impérial, en date à Compiègne du 16 novembre 1866; l'autorisation est ainsi conçue :

« 1° Le Maire de Crépy (Oise), au nom des pauvres de cette « commune, est autorisé à accepter aux clauses et conditions « énoncées, mais jusqu'à concurrence des trois quarts seule- « ment, le legs fait aux pauvres de la paroisse de Crépy, par « la dame veuve Dallery, née Ballin, Marie-Anne-Béatrix, « suivant ses codicilles olographes des 20 et 28 mars 1861, et « consistant dans la moitié évaluée à 17.188 fr. 27 cent environ « de la remanence de la succession de la testatrice, pour « servir à fonder un asile de filles pauvres dans cette « commune. Le produit du legs ainsi réduit sera placé en « rente sur l'Etat.

« 2° La Commission administrative de l'Hospice de Crépy « (Oise), est autorisée à accepter aux clauses et conditions « énoncées, le legs fait à cet établissement par la même « testatrice, suivant son testament olographe du 4 janvier « 1860 et consistant dans le capital nécessaire pour acquérir « une rente de 100 fr., quatre et demi pour cent sur l'Etat. »

Depuis et en vertu d'un jugement rendu par la 1re Chambre du Tribunal civil de la Seine, le 24 décembre 1867, il a été fait par Me Massion, notaire à Paris, le 11 avril 1868, un état liquidatif de la succession de Madame Dallery, qui a déterminé définitivement la part de chacun des ayants droit à la succession de cette dame, et ledit état liquidatif a été homologué purement et simplement, par jugement rendu en la 1re Chambre du Tribunal de la Seine, le 30 juin 1868. Aux termes de ces actes et de ces jugements, ainsi que d'un acte reçu par le même notaire les 29 et 30 août, 18 et 23 septembre 1867, il a été délivré à l'Hospice, savoir : pour son émolument à destination d'orphelinat, 643 fr. de rente quatre et demi pour cent sur le Grand Livre en pleine propriété, et 226 fr. de rente de même espèce en nue-propriété, grevée d'usufruit au profit d'une demoiselle Panlou ; enfin pour son legs particulier sans destination spéciale, 100 fr. de rente quatre et demi pour cent sur le Grand Livre, aussi en pleine propriété.

Mlle Panlou est d'ailleurs décédée le 28 mars 1878.

II. LOTERIE PICARD

Le legs fait à la ville de Crépy par Madame Dallery, pour servir à la fondation d'un asile de filles pauvres, a été augmenté du produit d'une loterie de 5.000 billets à 1 franc le billet, spécialement autorisée pour cet objet par un arrêté du Préfet de l'Oise, du 11 mai 1869, sur la demande du maire de la ville. Mais par délibération du 9 juillet 1870, la Commission administrative de l'Hospice a constaté que cette loterie avait produit 9.400 fr., qui seraient employés en totalité à l'achat d'une rente trois pour cent sur le Grand Livre de la Dette publique pour servir à l'entretien de l'asile de jeunes filles qui allait être créé, et que le magnifique résultat qu'on avait obtenu était dû à l'initiative et au concours dévoué de Madame Picard.

C'est sur le revenu de ces fondations que l'orphelinat a été ouvert dès 1871.

§ V

Chambres et Lits de Malades.

I. LEGS PARENT-DUMOIRON

Suivant son testament en date du 22 février 1866, demeuré aux mains de Franche, notaire à Crépy, M. Armand-Charles Parent-Dumoiron, propriétaire, demeurant à Crépy, où il est décédé le 10 juillet 1867, a légué aux pauvres de Crépy, une somme de 200 fr., plus à l'Hospice de la ville la somme de 5.000 fr., pour l'aider à établir une salle de malades.

Il a été donné connaissance de ce dernier legs à la Commission hospitalière dans sa délibération du 3 février 1868, et la Commission a décidé : « Qu'il y avait lieu pour l'Hospice de l'accepter, avec les intérêts à courir depuis le 10 janvier 1863 ; mais qu'à cause de la minorité d'un des membres de la succession, qui ne pouvait en ce moment faire la délivrance du legs, elle engagerait Messieurs Dumoiron et Madame Papeguay, leur sœur, à capitaliser cette somme jusqu'à la majorité du mineur Emmanuel Dumoiron. » Par autre délibération du 28 mai 1868, la Commission a également décidé d'accepter le legs de 200 fr., qui avait été versé et distribué aux pauvres de la ville, en secours extraordinaires, pendant le dernier hiver.

Il semble résulter de deux délibérations de la Commission hospitalière, du 26 avril 1870 et du 27 juin 1871, que le legs de 5.000 fr., pour salles de malades, aurait été encaissé vers ces époques et employé en rentes sur l'Etat.

II. DON ANONYME DES FEMMES DE FRANCE

La donation pour lits de malades, s'est accrue de la somme de 2.727 fr. 80 cent., versée à l'Hospice en 1873, en vertu d'une délibération du Conseil municipal de Crépy, du 9 août 1873, pour concourir à l'établissement d'un Hôpital conformément aux indications des membres du Comité des Femmes de France, fondé à Crépy, en 1871, pour concourir à la libération du territoire, est devenue sans objet.

III. LIT LE PELLETIER

Par son testament olographe du 11 août 1865, demeuré aux mains de Grandmange, notaire à Compiègne, Madame Adèle Pommeret-Desvarennes, veuve de M. le baron Louis Le Pelletier, propriétaire, demeurant à Crépy, et décédée le 10 novembre 1872, a disposé au profit de l'Hospice civil de Crépy, en ces termes : « Je donne et lègue une somme de 10.000 fr. « à l'Hospice de Crépy, pour fonder un lit de malades. » Et

par acte passé devant Ribous, notaire à Crépy, les 27 et
28 décembre 1872, les héritiers de Madame la baronne Le
Pelletier ont consenti à l'exécution pure et simple de ce
testament.

L'Hospice a été autorisé par décret de M. le Président de la
République française en date du 27 mars 1874, à accepter
« aux clauses et conditions imposées le legs de 10.000 fr. fait
« par Madame Le Pelletier; » et par acte passé devant le
notaire déjà nommé, les 10, 11 et 12 juin 1874, les héritiers de
la testatrice ont versé aux mains du receveur de l'Hospice,
la somme de 10.541 fr. 65 cent., qui a été employée en achat
de rentes sur le Grand Livre, et paraît avoir donné 506 fr. de
rente annuelle.

Le décret du 27 mars 1874, dit d'ailleurs : « Cette somme de
« 10.000 fr. sera placée en rentes sur l'Etat et mention sera
« faite sur l'inscription de la destination des arrérages, dont le
« dixième sera ensuite capitalisé pour être placé de la même
« manière. »

IV. LIT HAZARD

Suivant son testament olographe en date à Crépy, du
11 janvier 1879, déposé à Jobey, notaire à Crépy, M. Auguste-
Marie-Denis Hazard, propriétaire, ancien adjoint au maire de
Crépy, décédé à Crépy, le 18 mars 1879, a disposé comme il
suit : « Je donne et lègue à la ville de Crépy, 25.000 fr.,
« pour l'Hôpital de Crépy, quand il y en aura un, pour un lit
« de malades : mais en attendant, les intérêts de ladite somme
« seront pour les pauvres de la ville, et ce net de tous frais,
« lesquels seront payés par ma succession; » et suivant acte
du notaire déjà nommé en date du 13 juillet 1879, signifié au
Maire de Crépy, avec offre et dépôt à la Caisse des Consignations de 25.010 fr., les deux fils héritiers de M. Hazard ont
consenti à l'exécution pure et simple du testament de leur
père.

L'Hospice civil de Crépy a été autorisé à accepter ce legs
par arrêté de M. le Préfet de l'Oise, du 12 août 1876, ainsi
conçu :

« Article 1er. La Commission administrative de l'Hospice
« de Crépy est autorisée à accepter aux clauses et conditions
« imposées, le legs gratuit fait à la ville de Crépy, pour
« l'Hôpital, quand il y en aura un, avec un lit de malades, par
« M. Hazard (Auguste-Marie-Denis), suivant son testament
« olographe en date du 4 janvier 1879, et consistant en une
« somme de 25.000 fr., pour le revenu de cette somme être
« distribué aux pauvres de la ville, jusqu'au jour où il sera
« justifié de l'exécution de la volonté du testateur.

« Article 2. M. le Maire de Crépy est autorisé à accepter
« au nom des pauvres de Crépy, le bénéfice résultant à leur
« profit du legs gratuit de 25.000 fr., fait à la ville pour
« l'Hôpital, quand il y en aura un; pour le revenu de cette
« somme être distribué aux pauvres de la ville, jusqu'au jour
« de la fondation de cet établissement.

« Ladite somme de 25 000 fr. sera placée en rentes sur
« l'Etat, au nom de l'Hospice de Crépy, avec mention sur
« l'inscription de la destination conditionnelle des arrérages. »

La somme déposée a été retirée de la Caisse des dépôts et
consignations par le Receveur de l'Hospice, suivant quittance,
passée devant Morel, notaire à Senlis, le 2 octobre 1879, et
employée en achat de rentes trois pour cent, sur le Grand
Livre. Elle paraît avoir donné une rente annuelle de 928 fr.

Ainsi qu'on l'a vu sous le chapitre 2, l'Hospice civil de
Crépy n'a encore dans sa maison hospitalière aucun lit pour
les malades.

CHAPITRE VII

Tableau synoptique des dons et legs confondus dans la dotation de l'Hospice de Crépy.

Ce tableau sera divisé en deux parties, comprenant : la première, les dons et legs recueillis par les Bureaux de bienfaisance, tant de la ville que du canton de Crépy, qui ont précédé l'Hospice civil actuel ; la seconde, les dons et legs recueillis par l'Hospice depuis sa formation jusqu'au 1er juin 1880.

Il sera dressé sur neuf colonnes, comprenant : la première à gauche, les noms des bienfaiteurs ; les deux suivantes, l'espèce et la date de leurs dispositions; les deux d'après, la date de leur décès et celle de l'autorisation d'accepter accordée à l'établissement ; la sixième, l'objet des libéralités ; la septième, l'indication des donataires ou légataires institués ; la huitième, la destination des dons et legs, et enfin la neuvième, les observations d'autre nature.

4

NOMS DES BIENFAITEURS	ESPÈCE ET DATE DES DISPOSITIONS		DATES DU DÉCÈS DES BIENFAITEURS ET DES AUTORISATIONS	
	ESPÈCE	DATE	DÉCÈS	AUTORISATIONS
1re Partie. — Dons et Legs recueillis				
Anonyme.	Don manuel.	30 juin 1824.	»	27 oct. 1824.
Bansière de Mont-gely (Mme).	Testament.	17 déc. 1823.	18 déc. 1823.	28 mai 1825.
Bezin (M.).	Testament.	19 juin 1822.	20 juin 1822.	24 juillet 1828.
Delagranche (M.).	Testament.	4 nov. 1818.	»	28 janv. 1824.
Delahante (M. et Mme).	Donation.	12 nov. 1821.	»	1er mai 1822.
Laurens (M.).	Testament.	»	»	7 avril 1806.
2e Partie. — Dons et Legs				
Anonymes.	Loterie.	15 juillet 1870	»	11 mai 1869.
Anonymes.	Don manuel.	9 août 1873.	»	»
Crépy (la Ville de).	Subvention spéciale.	»	»	»

OBJET DES LIBÉRALITÉS	LÉGATAIRES OU DONATAIRES DÉSIGNÉS	DESTINATION SPÉCIALE DES DONS ET LEGS	OBSERVATIONS

par les Bureaux de la ville et du canton.

OBJET	LÉGATAIRES	DESTINATION	OBSERVATIONS
3.000 fr.	Le Bureau de Bien-faisance.	Education gratuite des filles pauvres. Soulagement des vieillards et des indigents malades de la commune.	
300 fr.	Bureau cantonal.	»	
50 fr. de rente.	Les pauvres de la ville.	Secours à domicile.	
1.200 fr.	Le Bureau de la ville et du canton.	Secours aux pauvres malades de Crépy.	
Maison et dépendances.	Les pauvres de la ville et du canton.	Etablissement de charité pour les pauvres de la ville et du canton.	Avec incorporation nouvelle le 28 octobre 1824 en addition.
3.338 livres.	Le Bureau de la ville.	»	

recueillis par l'Hospice de Crépy.

OBJET	LÉGATAIRES	DESTINATION	OBSERVATIONS
9.400 fr.	L'Hospice.	Pour asile de filles pauvres et en addition au legs Dallery.	Autorisée pour 5.000 fr. seulement.
2.727 fr. 80 c.	L'Hospice.	Pour hôpital.	Abandon du Comité des femmes de France délibéré par le Conseil municipal.
8.000 fr.	L'Hospice.	Acquisition de Saint-Michel.	

NOMS DES BIENFAITEURS	ESPÈCE ET DATE DES DISPOSITIONS		DATES DU DÉCÈS DES BIENFAITEURS ET DES AUTORISATIONS	
	ESPÈCES	DATE	DÉCÈS	AUTORISATIONS
Dallery (Veuve).	Testament et codicille.	4 janvier 1860 et mars 1861.	8 juin 1862.	16 nov. 1866
Id.	Id.	Id.	Id.	Id.
Darcy (M.).	Testament.	»	1825.	»
Delahante (M.).	Testament.	23 février 1826	7 mai 1829.	28 avril 1830.
Delahante (Veuve) et Souscripteurs.	Donation.	7 oct. 1846.	»	2 avril 1847.
Delahante (Veuve).	Donation.	7 oct. 1846.	»	2 avril 1847.
Delahante (Veuve).	Testament.	14 sept. 1855.	21 août 1859.	9 juin 1860.
Id.	Id.	Id.	Id.	Id.
Id.	Id.	Id	Id.	Id.
Id.	Id.	Id.	Id.	Id.
Dambry (Jérôme).	Testament.	5 février 1834.	18 avril 1842.	16 mars 1843.
Dambry (Basile).	Testament et codicille.	12 juin 1865 et 29 nov. 1871	10 juin 1873.	16 nov. 1872
Dubacq (M.).	Testament.	»	»	»
Dumont (Mme).	Testament.	7 juillet 1867.	10 juillet 1871.	23 mai 1872.
Gager (Mlle).	Don manuel.	»	»	1879.
Hazard (Nicolas).	Testament.	15 déc. 1849.	26 janv. 1852.	26 nov. 1853.
Id.	Id.	Id.	Id.	Id.

OBJET DES LIBÉRALITÉS	LÉGATAIRE OU DONATAIRES DÉSIGNÉS	DESTINATION SPÉCIALE DES DONS ET LEGS	OBSERVATIONS
1/2 de la success.	Les pauvres de la paroisse de Crépy.	Asile de filles pauvres	Autorisé pour 3/4 de la 1/2 de la succession.
100 fr. de rente.	L'Hospice de Crépy.	»	
50 fr.	Les pauvres de Crépy	»	
2.000 fr.	L'Hospice.	»	
Terrain et construction.	L'Hospice.	Pour salle d'asile.	
000 fr. de rente.	L'Hospice.	Dotation de la salle d'asile.	
2.000 fr.	Les indigents de la ville.	»	
100 fr. de rente.	L'Hospice.	Addition aux revenus de la salle d'asile.	
.000 fr.	L'Hospice.	Pour salle d'asile.	
.000 fr.	L'Hospice.	Pour asile des vieillards.	
Ustensiles d'église	L'Hospice.	Pour la chapelle.	Estimé 717 fr.
.000 fr.	L'Hospice.	»	
00 fr.	»	»	
6 ares de terre.	L'Hospice de Crépy.	»	
.600 fr.	L'Hospice de Crépy.	»	A condition d'entrer.
50 fr.	Les pauvres de Crépy	A distribuer.	
00 fr. à employer	L'Hospice.	Prix de vertu annuel	

NOMS DES BIENFAITEURS	ESPÈCE ET DATE DES DISPOSITIONS		DATES DU DÉCÈS DES BIENFAITEURS ET DES AUTORISATIONS	
	ESPÈCE	DATE	DÉCÈS	AUTORISATIONS
Hazard (Auguste-Marie-Denis).	Testament.	11 janv. 1879.	13 mars 1879.	12 août 1879.
Héronville (Veuve).	Don manuel.	30 nov. 1877.	»	25 janv. 1878.
Lefèvre (Mlle).	Testament.	19 fév. 1846.	5 sept. 1848.	8 sept. 1849.
Id.	Id.	Id.	Id.	Id.
Legrand (Médéric-Isidore).	Donation par son fils.	1er août 1844.	»	2 déc. 1844.
Le Pelletier (M.).	Donation.	15 déc. 1825.	»	30 mars 1826.
Le Pelletier (Mme).	Testament.	11 oct. 1826.	30 déc. 1830.	28 mai 1834.
Le Pelletier (Veuve).	Testament.	11 août 1865.	10 nov. 1872.	27 mars 1874.
Levasseur (Veuve).	Don manuel.	3 nov. 1877.	»	10 déc. 1877.
Lorgnet (Mlle).	Testament.	30 juin 1825.	21 nov. 1829.	21 mars 1831.
Maintenant (Veuve de).	Testament.	2 déc. 1818.	»	14 fév. 1826.
Mahieux (Mlle).	Testament.	28 nov. 1822.	26 nov. 1829.	30 juin 1830.
Méra (M.)	Testament.	10 janv. 1841.	29 nov. 1845.	13 oct. 1846.
Morin (Madeleine).	Testament.	11 janv. 1823.	19 fév. 1823.	»
Morin (Elisabeth).	Testament.	16 sept. 1823.	26 mars 1825.	23 avril 1830.
Mondion (M. et Mme de).	Don manuel.	Avril 1858.	»	»

OBJET DES LIBÉRALITÉS	LÉGATAIRES OU DONATAIRES DÉSIGNÉS	DESTINATION SPÉCIALE DES DONS ET LEGS	OBSERVATIONS
25.000 fr.	La ville de Crépy.	Pour hôpital et lit de malade.	
1.420 fr.	L'Hospice.	»	A condition d'entrer.
200 fr.	L'Hospice.	A distribuer.	
200 fr. de rente.	L'Hospice.	»	A charge de messe.
600 fr.	L'Hospice.	»	A charge de messe.
6 000 fr.	L'Hospice civil.	Dotation d'un lit de vieillard.	
600 fr.	L'Hospice.	»	
10.000 fr.	L'Hospice.	Dotation d'un lit de malade.	
1.500 fr.	L'Hospice.	»	Pour entrer.
50 fr.	L'Hospice.	»	
150 fr.	Les pauvres de Crépy	»	
Succession.	L'Hospice des pauvres de la ville et du canton.	»	389 fr.
200 fr.	L'Hospice de Crépy.	»	
Success. négat.	Les pauvres de la ville et du canton.	»	
1/3 de sa success.	Les pauvres de la ville et du canton.	»	342 fr. de rente au Grand Livre.
100 fr. de rente.	L'Hospice.	Dotation d'un lit de vieillard.	

NOMS DES BIENFAITEURS	ESPÈCE ET DATE DES DISPOSITIONS		DATES DU DÉCÈS DES BIENFAITEURS ET DES AUTORISATIONS	
	ESPÈCE	DATE	DÉCÈS	AUTORISATIONS
Mondion (Mme de).	Testament.	29 août et 6 octobre 1862.	»	3 août 1867.
Parent-Dumoiron (M)	Testament.	22 fév. 1866.	10 juillet 1867.	»
Id.	Id.	Id.	»	»
Parseval (M.).	Testament.	11 juin 1845.	21 oct. 1849.	17 mai 1850.
Péhu (Mme de).	Testament.	22 mars 1822.	»	31 juillet 1828
Péhu (Mlle de).	Testament.	6 avril 1834.	4 nov. 1834.	»
Péhu (M. de).	Testament.	25 août 1847.	»	10 mai 1855.
Perrot (Mlle).	Testament.	10 juin 1830.	2 juillet 1830.	7 mars 1831.
Pommeret-Desvarennes (M.).	Testament.	25 juin 1828.	18 juillet 1828.	1er juillet 1829.
Simart (Mme).	Testament.	5 janv. 1852.	»	4 oct. 1853.
Tirmache (M.).	Testament et codicille.	Octobre 1870.	»	»
Vallée (M.).	Testament.	23 mars 1830.	»	10 sept. 1839.
Wawrans de Javelles (Mlle).	Testament.	9 février 1825.	5 avril 1825.	7 déc. 1825.

OBJET DES LIBÉRALITÉS	LÉGATAIRES OU DONATAIRES DÉSIGNÉS	DESTINATION SPÉCIALE DES DONS ET LEGS	OBSERVATIONS
Rente éventuelle de 400 fr.	L'Hospice.	Dotation d'un lit de vieillard.	Reversion éventuelle d'un legs fait à la ville pour l'école des frères. — Plus une croix en argent à monter sur ébène.
200 fr.	Les pauvres de Crépy	»	
5.000 fr.	L'Hospice de la ville.	Pr salle de malades.	
200 fr.	L'Hospice de Crépy.	A distribuer.	
300 fr.	L'Hospice de Crépy.	»	
1.000 fr.	L'Hospice de Crépy.	»	
6.750 fr.	L'Hospice des Dames de Saint-Joseph de Crépy.	Dotation d'un lit de vieillard.	
2.000 fr.	L'Hospice de Crépy.	»	Objets mobiliers en plus.
4.000 fr.	L'Hospice de Crépy	»	
00 fr.	L'Hospice de la ville.	»	A charge de messe.
00 fr.	Aux pauvres de la paroisse.	»	
00 fr. de rente.	»	A distribuer chaque année.	En une fois le 26 décembre aux dix plus pauvres et plus âgés nés dans la ville et à charge de messe.
.000 fr.	L'Hospice de Crépy.	»	

CHAPITRE VIII

Recettes et dépenses de l'Hospice civil de Crépy.

Exercice 1879.

TITRE 1ᵉʳ. — RECETTES

1. *Recettes ordinaires.*

Section première. Recettes en argent.

1.	Loyer des maisons.........................	365 »»
2.	Rentes sur l'Etat......................... .	14.389 »»
3.	Rentes sur Particuliers....................	23 90
4.	Intérêts du compte au Trésor.............. ...	421 92
5.	Subvention de la ville pour l'extinction de la mendicité	1.000 »»
6.	Quêtes à l'Eglise...........................	748 93
7.	1/3 des concessions de sépulture dans les cimetières...............................	795 50
8.	Pension de la fille Vanesme....	515 20
9.	Pension du sieur Carquilliat................ ...	51 80
	Ensemble	18.311 25

Section deux. Recettes en nature. Néant.

2. *Recettes extraordinaires en argent.*

10. Restitution Paul Dupont.....................	35 »».
11. Don manuel.............................	800 »»
12. Legs Hazard (Lit de malade)...............	25.041 69
13. Secours de l'Etat pour l'hiver de 1879	338 95
Total général des recettes..........	44 526 80

TITRE 2°. — DÉPENSES

1. *Dépenses ordinaires en argent.*

1. Traitement du médecin.....................	400 »»
2. Traitement des religieuses..................	1.800 »»
3. Traitement du receveur.....................	669 90
4. Gages des préposés et servantes............	14 50
5. Frais de bureaux, impression, etc..........	100 z»
6. Legs Hazard (prix de vertu)	19 »»
7. Agrandissement de la salle d'asile et entretien des bâtiments............................	1 647 52
8. Assurance contre l'incendie..................	47 75
9. Taxe de main-morte et contributions.........	36 10
10. Entretien du mobilier.......................	921 90
11. Secours en argent dans le canton............	17 75
12. Secours en pain à l'intérieur................	1.699 60
13. Secours en viande à l'intérieur..............	2.132 65
14. Secours en vin pour l'intérieur..............	1.259 30
15. Secours en viande pour la ville	467 35
16. Barbe et coupe de cheveux des vieillards.....	60 »»
17. Menus objets de consommation..............	2.317 55
18. Linge et habillement	370 85
19. Location de terrain et culture...............	95 25
20. Chauffage	888 90
A reporter......	14.965 96

	Report......	14.905 96
21.	Journées de malades au dehors.............	169 70
22.	Pharmacie et médicaments..................	613 65
23.	Legs Vallée (Distribution en argent).........	424 »»
24.	Culture du jardin..........................	56 10
25.	Dépenses imprévues.......................	49 35
26.	Secours en pain pour l'extérieur.............	1.580 60
27.	Inhumation des indigents...................	135 »»
28.	Livres de classe et de prix..................	372 »»
29.	Indemnités de logement aux pauvres vieillards de la ville...............................	350 »»
30.	Honoraires de messes......................	7 »»
31.	Abonnement au service des eaux.............	100 10
	Ensemble...............	18.823 46

2. *Dépenses extraordinaires.*

32.	Emploi du legs Hazard en capital............	24.980 92
	Total général des dépenses........	43.804 38

RÉCAPITULATION

Recettes ordinaires et extraordinaires en argent...		44.526 89
Dépenses ordinaires et extraordinaires en argent..		43.804 38
Excédent des recettes...........		722 51

Si l'on ajoute à cet excédent celui des années précédentes formant l'excédent définitif de l'exercice 1878.......................... 7.402 68

L'excédent définitif de l'exercice 1879 est de....... 8.125 19

Il est resté à recouvrer : sur dons manuels 800 francs; sur le produit des concessions dans les cimetières, 40 francs; sur pensions de vieillards, 75 francs 60; total, 915 francs 60; mais d'un autre côté il est resté à payer, pour emploi de dons manuels, 1.600 francs.

Les Membres de la Commission hospitalière :

RIBOUS, *maire, président;* DEMAREST, *vice-président;* JOLIVET, *secrétaire;* FOURNIER, *ordonnateur;* TASSART et MATHIOU, *membres.*

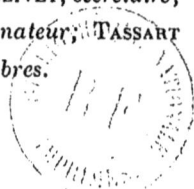

www.ingramcontent.com/pod-product-compliance
Lightning Source LLC
Chambersburg PA
CBHW070942280326
41934CB00009B/1980